DICKE KATZE

Jede Samtpfote ist eine gewichtige Persönlichkeit. Manchmal auch eine übergewichtige – und das beeinträchtigt ihr Wohlbefinden. Grund genug, Speck abzuschmelzen oder zumindest die Pfunde nicht wuchern zu lassen. Wie Ihre Katze das schafft, und wie Sie ihr dabei helfen können, sagt dieser Ratgeber.

Inhalt

IST DENN MEINE KATZE WIRKLICH ZU DICK?

ES IST SOWEIT: DER SPECK MUSS WEG!

SO LEICHT HÄLT IHRE KATZE DIE FIGUR

ANHANG

TIPPS & INFOS

Interessante Tipps und Infos rund ums Abnehmen finden Sie auf den **Seiten 6, 7, 10, 11, 12, 17, 18, 19, 23, 24, 26, 30, 32, 33, 38, 41, 42, 43, 45.**

Ist denn meine Katze wirklich zu dick?

Man selbst merkt es meist zuletzt. Schließlich sieht man seine Katze jeden Tag und bekommt kleine Veränderungen kaum mit. Aber spätestens, wenn Freunde sagen, sie sei ganz schön rund geworden, sollten wir genau hinschauen: Hat Mieze etwa schon Garfield-Formen angenommen?

Der Wahrheit ins Auge sehen

Vielleicht haben Freunde eine Bemerkung gemacht, Verwandte oder gar der Tierarzt. Ihre Katze soll reichlich Gewicht zugelegt haben? Kann doch gar nicht sein! Die erste Reaktion fällt bei fast allen Katzenhaltern gleich aus: Widerspruch und etwas später Erklärungsversuche: „Sie hat nun mal einen starken Körperbau,“ „Das sind doch alles Muskeln“ oder „Das dichte Fell täuscht …“ Könnte da nicht etwas dran sein? Die Antwort: Ja, aber vermutlich haben die anderen trotzdem Recht.

Tatsächlich sind gewisse Unterschiede in Statur und Gewicht schon bei den einzelnen Rassen festgelegt: Selbstverständlich bringt ein stämmiger Hauskater mehr auf die Waage als sein graziler Artgenosse vom Stamme der Siamesen. Perser, Maine-Coons und Ragdolls im üppigen Winterkleid kommen stattlicher daher als Somalis oder Türkisch Angora ohne Unterwolle. Abessinier und Burmesen sind schon von Haus aus schmaler als knuddelige Britisch-Kurzhaar-Katzen. So viel zu Fellkleid und Körperbau. Und die Muskeln? Die verteilen sich in aller Regel über den ganzen Körper und führen nicht zu Ausbuchtungen an bestimmten Stellen.

Experten von der US-Akademie der Wissenschaften sagen in ihrer aktuellen Studie zum Übergewicht bei Haustieren kurz und knapp: „Wirken Katzen übergewichtig, dann sind sie es auch." Sie müssen das nicht akzeptieren, wenn es Ihnen zu brutal klingt. Aber Sie können selbst mit Hilfe von drei kleinen Tests herausfinden wie Ihre Katze in Form ist.

Die „Luftaufnahme"

Bewaffnen Sie sich mit Papier und Bleistift und schauen Sie von oben auf Ihre stehende Katze (eventuell stellen Sie sich dazu auf einen Hocker oder Stuhl). Zeichnen Sie nun den Umriss Ihrer Katze nach. Verlaufen die Flanken mehr oder weniger parallel? Oder wölben sie sich so deutlich nach außen, dass Ihre „Luftaufnahme" einem birnen- oder gar kreisförmigen Gebilde gleicht? Das kann zweierlei bedeuten: Erstens, die Katze hat zu viel Speck auf den Rippen. Zweitens, sie ist schwanger. Auf Ihren Kater kann das schon mal nicht zutreffen …
Und weiter geht's zur nächsten kritischen Begutachtung Ihrer Samptpfote, die die Vermutung verdichten kann, dass sie doch etwas zu viel Speck auf den Rippen hat und abnehmen muss.

Selbst wenn's nicht verboten wäre: Menschenkost macht Katzen dick!

TIPP
FETTFALLEN

Ein wenig Torte zum Probieren? Oder den Kaffee-Keks mit der Katze teilen? Lieber nicht! Erstens können Katzen „süß" überhaupt nicht schmecken. Dehalb können wir unser Empfinden beim Verzehr von etwas Süßem mit dem einer Katze nicht gleichsetzen. Zweitens kann zuckerhaltige Nahrung zu Durchfällen und Diabetes führen. Drittens sind Süßigkeiten echte Fettfallen: Schon zwei Stück Zucker am Tag bedeuten für die Katze fünf Gramm Gewichtszunahme.

Die Seitenansicht

Betrachten Sie die Silhouette Ihrer Katze und achten Sie besonders auf die Bauchlinie. Bei schlanken Tieren verläuft sie in Richtung Becken aufsteigend. Fällt sie dagegen so stark ab, dass die Beine (vor allem die Hinterläufe) merkwürdig kurz erscheinen, spricht das für reichliche Fettansammlungen am Bauch.

Die Tastprobe

Rippen und Rückenwirbel sollten Sie bei einer Katze mit Normal- oder Idealgewicht nicht sehen, aber unter einer dünnen, leicht verschiebbaren Fettschicht ertasten können. Treffen Ihre Fingerspitzen dagegen auf dicke und eher starre Pölsterchen, hat Ihr Stubentiger zu viel Fett angesetzt. Nach Schätzungen von Tierärzten und anderen Experten geht es etwa 30 bis 50 Prozent unserer samtpfotigen Hausgenossen so.

Was auf die Figur geht

Bleibt die Frage: Wie ist es zum Übergewicht gekommen? Sind die Drüsen schuld, die Hormone oder steckt gar eine Krankheit dahinter? So viel vorweg: Mit Drüsen und Hormonen haben die Speckröllchen nur am Rande zu tun. Auf Krankheit als Ursache deutet Umfangs- oder Gewichtszunahme allerdings hin, wenn sie sehr schnell, also innerhalb weniger Wochen, vonstatten geht. Solche Veränderungen sind so dramatisch, dass sie gar nicht unbemerkt bleiben können. Ursache kann zum Beispiel eine Unterfunktion der Schilddrüse sein, eine Tumor-Erkrankung oder Flüssigkeitsansammlungen im Bauchraum. Bei rapider Zunahme gibt es nur eins: Sofort zum Tierarzt! Meist jedoch hat das Dickwerden andere Gründe – die Katze nimmt mehr Energie auf als sie (ver)braucht. Mit anderen Worten: Sie frisst zu viel. Oder das Falsche.

INFO

WAS RASSEKATZEN WIEGEN

Auch bei den Rassekatzen gibt es Leicht- und Schwergewichte.

➤ Die Leichten:
Singapura: Katzen etwa 1,8 kg, Kater um die 2,7 kg Körpergewicht.
Siamesen: Katzen um 2,5 bis 3 kg Gewicht, Kater bis zu 4 kg.

➤ Die Kompakten:
Perser, Britisch Kurzhaar, Türkisch Van: Katzen wiegen jeweils etwa 4 bis 5 kg, Kater 6 bis 7 kg.

➤ Die Schwergewichte:
Dazu gehören die Main-Coons und die Ragdolls: Katzen wiegen 5 bis 6 kg, Kater bis zu 9 kg.

➤ Die Muskelprotze:
Bengal: Katzen 4 bis 5 kg, Kater bis 10 kg Gewicht.

Test: Sind Sie ein „Dickmacher“?

1. Wie viele Mahlzeiten bekommt Ihre Katze täglich?
a) Eine große 0
b) Zwei 2
c) Drei bis vier kleine 4

2. Halten Sie regelmäßige Fütterungszeiten ein?
a) Ja, wenn möglich 4
b) Eher nicht 1

3. Sie spielen mit Ihrer Katze jeden Tag …
a) Mehr als eine Stunde 4
b) Zehn bis 20 Minuten 2
c) Fünf bis 10 Minuten 1
d) Gar nicht 0

4. Haben Sie einen Überblick über die täglich verfütterte Kalorienmenge?
a) Ja 4
b) Nein 0

5. Womit ernähren Sie Ihre Katze hauptsächlich?
a) Mit Ferigfutter 4
b) Sie kochen für sie 2
c) Mit Tischresten 0

6. Sie …
a) ist die einzige Katze im Haushalt 1
b) lebt mit Artgenossen 4

7. Gibt es zwischen den Mahlzeiten etwas zu futtern?
a) Grundsätzlich nicht 4
b) Gelegentlich 2
c) Täglich 0

8. Bekommt sie Leckerbissen (z. B. Sahne oder Snacks)?
a) Ja, öfter 0
b) Ja, zu besonderen Gelegenheiten 2
c) Selten oder nie 4

9. Geben Sie Ihrer Katze etwas, wenn sie bettelt?
a) Ja, sie tut mir Leid 0
b) Sehr selten 2
c) Sie bettelt nicht 4

10. Stibitzt Ihre Katze schon mal was Essbares?
a) Ja 1
b) Nein 4

11. In der Wohnung gibt es einen …
a) Kratz- und Kletterbaum 2
b) Mehrere Möglichkeiten zum Klettern und Spielen 4
c) Keinerlei „Sportgeräte“ 0

12. Schmusen Sie oft mit Ihrer Katze?
a) Ja, sooft es geht 4
b) Nein, sie macht sich nichts draus 1

Sie meinen es gut mit Ihrer Katze. Vielleicht sogar zu gut? Der Test verrät Ihnen mehr …

13. Ihre Katze maunzt Sie an. Was tun Sie?

a) Ich gebe ihr Futter	0
b) Ich streichle sie	2
c) Ich spiele mit ihr	4

14. Kann Ihre Katze sich draußen austoben?

a) Ja	4
b) Nein	1

15. Schauen Sie sich genau die Futterzusammensetzung auf der Futterpackung an?

a) Nein	0
b) Ja	4

16. Gehen Sie regelmäßig mit Ihrer Katze zum Tierarzt und lassen dabei auch ihr Gewicht kontrollieren?

a) Nein	0
b) Ja	4

Auswertung

Bis 5 Punkte: Sie lieben Ihre Katze und zeigen ihr das, indem Sie großzügig Futter austeilen. Doch besser ist es, andere Möglichkeiten zu entdecken, dem Tier etwas Gutes zu tun: Schmusen, Extra-Pflege, gemeinsames Spiel …

6 bis 22 Punkte: Wenn Sie nur Zeit hätten! Dann würden Sie sich ausgiebig mit Ihrer Katze beschäftigen. So aber muss Ihr Hausgenosse mit (reichlich) Futter vorlieb nehmen. Wohler wird er sich fühlen, wenn Sie seine Umgebung anregender gestalten und ihm statt eines Leckerbissens öfter mal ein neues Spielzeug mitbringen.

23 bis 39 Punkte: Sie wollen, dass Ihre Katze in Form bleibt. Dafür tun Sie einiges, aber Regelmäßigkeit und Genauigkeit sind nicht immer Ihre Sache – und so können sich schon mal unbemerkt ein paar hundert Gramm zu viel auf der Katzen-Taille ansiedeln.

Ab 40 Punkte: Herzlichen Glückwunsch! Ihre Katze ist vermutlich rank und schlank. Oder sie hat zumindest kein Übergewicht, das ihre Gesundheit gefährden könnte. Sie geben auf eine gesunde Ernährung Acht und „füttern" Ihren Stubentiger darüber hinaus auch mit viel Zuwendung und allerlei anregenden Ideen.

Falsches Fertigfutter

Mittlerweile gibt es eine sehr große Auswahl verschiedener Fertigfutter mit unterschiedlichem Energiegehalt. Achten Sie auf die Inhaltsstoffe (→ Fragen an das Etikett, Seite 20). Katzensenioren beispielsweise brauchen nicht mehr so energiereiches Futter wie etwa eine junge Katze. Im Alter werden viele Katzen träge und bevorzugen eher das warme Plätzchen am Kachelofen als wilde Spiele.

Kalorienreiches „Junior-Futter“

Quirlige temperamentvolle Kätzchen, die den ganzen Tag in Bewegung sind, verbrennen kalorienreiches Futter mühelos. Figurprobleme kennen sie noch nicht. Bei ausgewachsenen Tieren dagegen geht es sofort auf die Figur und sorgt für zu viel Pfunde. Zwar mögen die Großen – oft mit Vorliebe – das Futter der Kleinen, doch Sie tun Ihrer Katze nichts Gutes, wenn Sie sie mit Junior-Futter verwöhnen.

INFO

WIE VIEL FUTTER BRAUCHT IHRE KATZE?*

Rasse	Gewicht	Aktivität	Kcal pro kg Kgw/Tag	Entspr.: Nass- oder Trockenfutter**
Hauskatze	4 kg	gering bis mittel	60/240	1 1/2 Dosen à 200ml/75 g
Perser	4 kg	gering	50/200	1 1/4 Dosen à 200ml/60 g
Maine Coon	8 kg	mittel bis hoch	70/560	2 3/4 Dosen à 200 ml/170 g
Siam	3,5 kg	hoch	80/280	1 3/4 Dosen à 200 ml/85 g
Britisch Kurzh.	5 kg	gering	50/250	1 1/2 Dosen à 200 ml/75 g
Ragdoll	6 kg	gering	50/ 300	2 Dosen à 200 ml/90 g
Hauskatze	4 kg	mittel bis hoch	70/280	1 3/4 Dosen à 200 ml/85 g

* berechnet für ausgewachsene Katzen; ** zu Grunde gelegt ist der Energiegehalt durchschnittlicher Futtersorten: Nassfutter ca. 75 kcal pro 100 ml, Trockenfutter ca. 330 kcal pro 100 g.

Bitte beachten: **Der Bedarf des einzelnen Tieres kann bis zu 50 Prozent unter oder über den hier angegebenen Richtwerten liegen. Wiegen Sie Ihre Katze also regelmäßig und behalten Sie ihre „Taille“ im Auge, um die Futtermenge gegebenenfalls nach oben oder unten zu korrigieren.**

Dickmacher, die man unterschätzt

Nicht nur was die Katze frisst spielt eine Rolle, sondern auch ihre Umgebung und ihre Lebenssituation. „Dickmacher" sind z. B.:

➤ **Bewegungsmangel:** Wohnungskatzen sind besonders anfällig fürs Dickwerden. Sie haben weniger Bewegung als ihre frei laufenden Artgenossen und leider oft auch weniger Anregung, sodass sie sich aus purer Langeweile Speck anfressen.

➤ **Kastration:** Weil nach dem Eingriff keine Sexualhormone mehr ausgeschüttet werden, verändert sich der Stoffwechsel der meisten Kastraten so, dass sie weniger fressen müssen um ihren Energiebedarf zu decken. Werden sie weiter gefüttert wie vorher, legen sie an Pfunden zu. Das Risiko, ein gesundheitsschädliches Übergewicht zu entwickeln, ist gegenüber ihren unkastrierten Artgenossen um das 3,4 fache erhöht. In den ersten zwei Monaten nach dem Eingriff gilt es besonders aufzupassen, denn dann ist die Gefahr am größten, dass sich ein hartnäckiges Speckpolster aufbaut.

➤ **Alter:** Katzensenioren haben ein doppeltes Problem. Einerseits arbeitet der Stoffwechsel langsamer, so dass sie bestimmte Fette und Eiweiße nicht mehr so gut verwerten können, andererseits sind sie ruhiger geworden und verbrauchen weniger Energie als früher. Fressen die Senioren wie bisher, können sie durchaus übergewichtig sein, obwohl ihnen ganz wichtige Nährstoffe fehlen.

➤ **Verwöhnen:** Ein kleiner Snack hier, ein Häppchen dort und immer einen gefüllten Napf – die Katze ist der Liebling und der Liebling wird verwöhnt, bis er aus allen Nähten platzt. Dabei ist oft ein schlechtes Gewissen im Spiel: Man hat wenig Zeit, kann sich also nicht so recht mit der Katze beschäftigen, wenn sie mit ihrem „Miau!" Aufmerksamkeit einfordert. Aber so ein Leckerchen ist schnell verabreicht – das Gewissen ist besänftigt und der kleine Störenfried fürs Erste ruhig gestellt.

> **TIPP**
> **DIE FETT-FORMEL**
>
> **Wie hoch der Körperfett-Anteil Ihrer Katze ist, zeigt der FBMI (Feline Body Mass Index) an. Der Tierarzt errechnet ihn anhand von Gewicht, Beinlänge und Brustumfang des Tieres. Mehr als 15 Prozent zu viel Körperfett kann der Gesundheit Ihrer Katze schaden.**

Wie rund ist noch gesund?

Im besten Fall ist Ihre Katze gesund und eben nur ein bisschen zu rund. Aber – wie schwer ist zu schwer? Leider lässt sich das nicht so einfach sagen, denn ein allgemein verbindliches Normal- oder Idealgewicht gibt es nicht. Und die Durchschnittswerte? Zwischen „von" und „bis" gibt es reichlich Spielraum. Eine normal große, erwachsene Hauskatze wiegt 3,5 bis 4 kg, Kater 1 bis 1,5 kg mehr. Bei den meisten Rassekatzen sieht es ähnlich aus (Ausnahmen → Info, Seite 7, 10). Ihre Katze hat mehr drauf? Durch Messen des Körperfett-Anteils (→ Tipp, Seite 11) kann der Tierarzt genau feststellen, ob und wie viel überflüssiges Gewicht sie mit sich herumschleppt. Grobe Richtschnur: Zehn bis 15 Prozent „zu viel" müssen die Gesundheit nicht zwangsläufig beeinträchtigen – vorausgesetzt, die Katze nimmt nicht noch weiter zu. Im Klartext bedeutet das freilich auch, die Ernährungsgewohnheiten zumindest gründlich zu überdenken und gegebenenfalls zu korrigieren. Alles was über 15 Prozent Übergewicht hinausgeht allerdings, ist auf jeden Fall lästig für das Tier und kann durchaus gefährlich für seine Gesundheit werden.

Die Last mit dem Speck

Dicke Katzen haben es schwer. Schon bei der Katzenwäsche. Viele sind nicht mehr so gelenkig, dass sie mit Zunge und Pfoten überall hinkommen. Steht der Mensch nicht mit Kamm und Bürste parat, bilden sich auf dem Rücken schon mal die berüchtigten Filzmatten. Oft hilft dann nur noch die radikale Schur. Wer weiß, wie viel Wert ein Stubentiger auf seine tägliche Reinigung und Pflege legt, kann sich vorstellen, wie unglücklich er mit seinem „Gammel-Look" ist. Dazu kommen weitere unvermeidliche Einschränkungen: keine eleganten Sprünge, keine tollen Sprints ohne Schnaufen, kein leichtfüßiges Anschleichen – da bleibt am Ende nur noch der Frustfraß.

TIPP
KATZEN WIEGEN

Sie können Ihre Katze nicht dazu bringen, sich auf die Personenwaage zu setzen? Macht nichts! Stellen Sie sich zuerst auf die Waage und notieren Sie Ihr eigenes Gewicht. Nehmen Sie dann Ihre Katze auf den Arm und steigen Sie mit ihr zusammen auf die Waage. Ziehen Sie Ihr Gewicht vom zweiten Ergebnis ab.

Übergewicht – ein Gesundheitsrisiko

Die Dicken schleppen tatsächlich ein großes Gesundheitsrisiko mit sich herum:

- Übergewicht belastet das Herzkreislaufsystem und die Atmungsorgane.
- Auch für die Stoffwechselorgane ist der Speck eine Belastung. Damit erhöht sich die Gefahr von Diabetes, Leber- und Nierenleiden, Erkrankungen der Verdauungsorgane und des Harnapparats.
- Übergewicht ist Gift für den Bewegungsapparat und die Gelenke.

Mäusejagd hält schlank – aber etwas mehr Bewegung darf's schon sein.

Die Dicken neigen zu Lahmheiten und Bänderzerrungen. Sie verletzen sich bei Stürzen oder Sprüngen wesentlich leichter als normalgewichtige Katzen. Jeder Tierarzt kennt aus seiner Praxis Fälle von sehr beleibten Katzen, die sich schon beim Sprung vom Sofa die Gelenke gebrochen haben: Wer sein Tier liebt, lässt es deshalb erst gar nicht so weit kommen, sondern achtet darauf, dass sich der Speck in Grenzen hält.

➤ Bei Operationen besteht wegen der Herzkreislaufbelastung ein sehr viel höheres Narkose-Risiko als bei schlanken Katzen.

➤ Auch der ohnehin nicht sehr beliebte Tierarztbesuch ist für die Dickerchen noch stressiger, weil die Fettschicht selbst einfache Routinebehandlungen und -untersuchungen zusätzlich erschwert.

Weniger ist mehr

Fazit: Weniger Gewicht bedeutet für Ihre Katze letztendlich mehr Fitness, mehr Gesundheit, mehr Beweglichkeit, in der Regel eine höhere Lebenserwartung und, last but not least, auch ein hübscheres Aussehen.

Es ist soweit: Der Speck muss weg!

Das Ziel ist klar: Ihre Katze soll leichter werden. Doch Sie wollen auf dem Weg dorthin weder sich noch der Samtpfote das Leben mit Diät-Frust schwer machen? Müssen Sie auch gar nicht! Schleichen Sie sich nach Katzenart ganz langsam, aber sicher ans leichte und gesunde Leben heran.

Wie wird meine Katze schlanker?

Vergessen Sie Blitzdiäten, Wunderpillen und „FdH". Vergessen Sie fürs Erste sogar jede Art von Schlankheitskur und füttern Sie weiter wie bisher. Mit den Vorbereitungen für das „Speck-weg-Programm" können und sollten Sie aber sofort beginnen.

Verbündete gewinnen

Falls sich noch andere Personen an der Versorgung Ihrer Katze beteiligen, müssen Sie Überzeugungsarbeit leisten. Nur wenn Partner, Kinder, Mitbewohner, nette Nachbarn und andere wohlmeinende „Futterspender" Ihre Bemühungen um die Katzentaille unterstützen, kann das Unternehmen gelingen: Jedes (Lecker)bisschen zählt – auf der Waage.

Das Futter-Tagebuch

Besorgen Sie sich ein Notizbuch und notieren Sie zunächst einmal das aktuelle Gewicht Ihrer Katze. Tragen Sie außerdem von jetzt an mit Datum und Tageszeit alles ein, was Sie ihr zu fressen geben, von den regulären Mahlzeiten bis zum Leckerbissen zwischendurch. Notieren Sie auch, wenn und wann Sie Reste entsorgen oder eine verschmähte Futtersorte gegen eine andere austauschen. Machen Sie möglichst genaue Mengenangaben (Trockenfutter auswiegen oder abmessen). Schreiben Sie ebenfalls auf, was Mitbewohner oder Besucher Ihrem Stubentiger spendieren. Der Aufwand lohnt sich, denn schon nach wenigen Tagen zeigen die Eintragungen Ihnen Schwarz auf Weiß,

- was jeden Tag an Häppchen und Leckerlis zusammenkommt (→ Tipp, Seite 17),
- um wie viel die Futtermenge den Tagesbedarf (→ Tabelle, Seite 10) überschreitet,
- ob Sie leer gefutterte Näpfe allzu bereitwillig wieder auffüllen,
- dass es meist eben nicht bei „den ein, zwei Händen voll Trockenfutter" pro Tag zusätzlich zum Nassfutter bleibt,
- ob Sie Katzenlaunen – „Diese Sorte mag ich nicht, ich will etwas anderes" – zu schnell nachgeben,
- ob und wann Futter als Zuwendungs-Ersatz herhalten muss.

Damit haben Sie die fatalen „Fettnäpfchen" auf einen Blick. Wenn Sie die frühzeitig aus dem Weg räumen, können Sie Miezes Entwicklung zum Moppelchen häufig noch im Ansatz stoppen.

Wichtig: Lassen Sie die ausgewiesenen Dickmacher vom Menschentisch (→ Tipp, Seite 6) künftig auf jeden Fall aus dem Spiel und seien Sie auch mit „katzentauglichen" Zwischendurch-Leckerbissen wie etwa „Katzen-Snacks" besonders vorsichtig.

Ein bis zwei Kilo weniger machen das Leben leichter – und schöner.

Achten Sie bei Katzen-Snacks aus dem Handel auf den Fettgehalt: Er reicht von 2,5 bis weit über 20 Prozent, und leider schmecken vielen Vierbeinern die fettreichen Leckerlis am allerbesten. Animieren Sie den Stubentiger öfter als bisher zum Spielen, denn ohne Bewegung läuft in Sachen Fettabbau so gut wie gar nichts (→ Seite 28). Ein zusätzlicher Trick: Servieren Sie Nass- und Trockenfutter an getrennten Plätzen, so dass Ihr Dickerchen ein bisschen mehr laufen muss, um an seine Tagesration zu kommen. Das bringt

zwar nicht die große Erleichterung, aber verbunden mit vielen anderen kleineren Maßnahmen kann es doch hilfreich sein.
Fangen Sie ganz langsam an, die Portionen zu verkleinern (→ Seite 24) und steigen Sie ab jetzt einmal pro Woche mit Ihrer Samtpfote auf die Waage. Notieren Sie die Ergebnisse im Futter-Tagebuch. Es ist schon ein großer Erfolg, wenn Sie eine weitere Gewichtszunahme Ihres Lieblings verhindern.

TIPP

SNACKS ABRECHNEN

Auch „nützliche" Snacks zählen auf der Waage, denn sie haben Kalorien: Falls Ihr Liebling beispielsweise „Zahnputz"- oder Anti-Hairball-Snacks in den empfohlenen Mengen bekommt, sollten Sie die reguläre Futterration um 10 Prozent kürzen.

Das große Missverständnis

Selbstverständlich will Ihre Katze etwas von Ihnen, wenn sie fordernd „Miau!" sagt oder Ihnen schmeichelnd um die Beine streicht. Aber wer sagt denn, dass es immer Futter sein muss? Wir Menschen sitzen da leicht einem grundsätzlichen Missverständnis auf: Wir lieben es, gemeinsam mit anderen, die uns nahe stehen oder die wir wertschätzen, am Tisch zu sitzen und eine Mahlzeit zu teilen. Das Vergnügen an der Tischgesellschaft ist dabei oft ebenso groß oder noch größer als der Spaß an den Speisen selbst. Für unsere „einsamen Jäger" auf Samtpfoten dagegen ist Nahrungsaufnahme keine soziale Handlung. Als Zeichen von Zuneigung taugen Leckerbissen deshalb nur sehr bedingt. Die Katze will Aufmerksamkeit und gar nicht unbedingt die kalorienreichen „Aufmerksamkeiten". Andererseits sind unsere kleinen Hausgenossen Opportunisten: Wenn ihnen die gebratene Taube schon ins Mäulchen fliegt, schnappen sie zu.
Fazit: Reden Sie mit Ihrer Katze, schauen Sie nach, ob im Wohnungsrevier alles in Ordnung ist – manche beschweren sich lautstark, wenn etwa der Lieblingsplatz belegt oder die Balkontür zu ist.

Schmusen Sie mit ihr oder schlagen Sie ein Spiel vor, aber greifen Sie nicht gleich in die Leckerli-Schatulle.

Neue Mahlzeiten

Vielleicht ist Ihr Dickerchen gewöhnt, zu jeder Tageszeit Futter im Napf zu finden. Damit muss jetzt Schluss sein! Das „Selbstbedienungsbuffett" kommt zwar den natürlichen Fressgewohnheiten unserer kleinen Raubtiere entgegen, verbietet sich aber bei Nimmersatts und Frustfressern. Zudem erschwert es Ihnen den Überblick über die tatsächlich pro Tag aufgenommene Kalorienmenge.
Ideal ist es, den Tagesbedarf auf drei bis fünf kleine, regelmäßige Mahlzeiten zu verteilen (→ Info, Futter für Mutter, Seite 26). Nicht ganz einfach für außer Haus Berufstätige, aber machbar (→ Tipp, Seite 32).
Hintergrund: Bekommt Ihre Katze nur einmal am Tag Futter, so erhöht sich ihre Sauerstoffaufnahme zur Energieverbrennung um 15 Prozent. Bei vier Mahlzeiten dagegen wird das Feuer mit 30 Prozent

INFO
FETT-FAKTEN

Ist ein Pfündchen mehr so viel? Für Katzen leider ja! Auf menschliche Verhältnisse übertragen würden die 500 g Gewichtszunahme einen „Zuwachs" von mehreren Kilo ergeben. Solche Fettpolster können sich ganz unbemerkt über mehrere Jahre einschleichen: Bis zum Alter von etwa 2 Jahren erscheinen Katzen kaum jemals übergewichtig. Doch die kleinen Sünden zählen schon: Bekommen die Jungkatzen auch nur ein Prozent mehr Kalorien als nötig, droht ihnen im mittleren Alter Übergewicht. Am größten ist die Gefahr der schleichenden Gewichtszunahme zwischen dem dritten und dem siebten Lebensjahr. Und wie kriegt Mieze das Fett weg? Mit enormem Energie-Aufwand: Fast 4000 Kalorien muss sie verbrennen, um das halbe Kilo wieder loszuwerden – für eine durchschnittlich große Katze entspricht das etwa dem Nahrungsbedarf von 14 Tagen.

Sauerstoff angefacht – viele kleine Mahlzeiten verbrauchen also mehr Energie als eine oder zwei größere.

Zauberwort „Light"

Wenn sich „Rettungsringe" gerade erst andeuten, kann die Umstellung auf leichtere Futtersorten helfen. Light-Futter eignet sich vor allem für Wohnungskatzen und weniger aktive Vierbeiner.
Die Auswahl ist groß, aber nicht überall wo „Light" draufsteht, ist auch Qualität drin. Einige Sorten enthalten zu viel Getreide und damit mehr Kohlenhydrate, als der Stoffwechsel verarbeiten kann. Sie werden in Speicherfett umgewandelt – die Katze bleibt dick und hungert trotzdem. Andere Sorten haben einen zu hohen Anteil an ominösen „Nebenerzeugnissen" oder ihre Eiweißquelle besteht hauptsächlich aus schwer verdaulichen Schlachtabfällen wie Sehnen, Därmen und Bindegewebe statt aus Muskelfleisch. Das wiederum kann die Nieren belasten. Light-Futter guter Qualität finden Sie im Zoofachhandel (→ Seite 20).

Warum manche Diäten nicht funktionieren

Leider bemerken wir den Katzenspeck sehr häufig erst, wenn er sich nicht mehr einfach mit Bedarfsanpassung oder Light-Futter abschmelzen lässt. Was nun? Nur noch mageres Fleisch verfüttern? Das macht eher krank als schlank: Die lebensnotwendigen essenziellen Fettsäuren fehlen, die Mineralstoffbilanz gerät durcheinander (zu viel Phosphor und zu wenig Kalzium) und der Körper kann außerdem die Vitamine A, D, E und K nicht verwerten.

INFO

DIE ANTI-FETT-PILLE

Diese Pille ersetzt zwar keine Diät, unterstützt sie aber. Die Tablette soll Fett im Darm binden, sodass es unverdaut ausgeschieden wird. Solche Medikamente gibt es auch für Menschen. Für Katzen ab 20 Prozent Übergewicht kann der Tierarzt die Pille verschreiben.

Warum FdH nichts bringt

Sollten wir dem Pummelchen lieber ein paar Wochen „FdH" verordnen oder gar eine Radikal-Diät? Auch diese Maßnahmen sind buchstäblich für die Katz und darüber hinaus gefährlich: Wird das Tier einfach auf halbe Ration gesetzt, nimmt es nicht mehr genügend Mineralstoffe, Vitamine und Spurenelemente auf. Auch die ausreichende Versorgung mit den Hauptnähr- und Wirkstoffen ist nicht sicher. Das schwächt unter anderem sein Immunsystem, reißt am Nervenkostüm (auch an Ihrem, weil eine genervte Katze unleidlich wird) und raubt dem Katzenfell den schönen Glanz. Außerdem schaltet das körpereigene Alarmsystem auf „Energie-Sparflamme". Die Folge: Anstatt Fett zu verbrennen und Muskeln aufzubauen, verwandelt der Körper schon geringe Futtermengen in mehr oder weniger dicke Pölsterchen. Viele von uns kennen diesen „Jo-Jo-Effekt" nur zu gut.

Lebensgefährliche Nulldiät

Nulldiäten oder ähnliche Radikal-Maßnahmen sind lebensgefährlich. Katzen müssen nahezu jeden Tag tierisches Eiweiß verzehren, um sich mit lebensnotwendigen Aminosäuren zu versorgen. Fehlen sie, treten schon nach kurzer Zeit Bewegungsstörungen, Muskelzittern und Krämpfe auf, das Tier kann ins Koma fallen und sterben. Weitere Gefahr liegt in einer ursprünglich sinnvollen Einrichtung der Natur: Bleibt die Katze längere Zeit ohne Nahrung, wird Fett aus dem Körper als „Energiespritze" in die Leber transportiert. Eine schlanke Wildkatze bekommt so neue Kraft zur Beutejagd, bei der dicken Hauskatze dagegen kann der Fett-Transfer zum tödlichen Leberversagen führen.

Friss das Richtige (FdR) statt FdH

Dicke Katzen müssen fressen, um gesund abzunehmen. Nicht die Hälfte, sondern eine spezielle Diätkost (→ Seite 23), die ihnen auf den Leib geschneidert ist. Solche Kost finden Sie entweder ebenfalls im Zoofachhandel oder beim Tierarzt.

Sechs Fragen an das Etikett

Studieren geht vor Probieren: Lesen Sie was auf der Packung bzw. auf dem Dosenetikett steht, bevor Sie ein neues Futter kaufen. Das ist bei der Fülle von Kleingedrucktem mühsam, gibt Ihnen aber Antwort auf die entscheidenden Fragen:

Wer steht für die Qualität des Futters ein?
Bei Formulierungen wie „Hergestellt für …" oder „Vertrieb durch …" ist das nicht sicher. Name und Anschrift des Herstellers sollten also unbedingt aufgeführt sein.

Wie fit ist Ihre Katze?

DER KONDITIONS-TEST

Gewicht verlieren ist gut, Beweglichkeit und Fitness gewinnen ist (noch) besser. Ob Ihr Dickerchen erfolgreich abspeckt, lässt sich leicht beim wöchentlichen Wiegen feststellen. Wie seine Fortschritte in Sachen Fitness aussehen, überprüfen Sie am besten von Zeit zu Zeit anhand des Tests.

➤ Meine Katze freut sich schon auf ihre Spielzeit
Ja ☐ Nein ☐

➤ Sie will nach einer Viertelstunde noch gern weiter spielen
Ja ☐ Nein ☐

➤ Bei Rennspielen ist sie schneller geworden
Ja ☐ Nein ☐

➤ Seit einiger Zeit geht die Aufforderung zum Spiel öfter auch von ihr aus
Ja ☐ Nein ☐

➤ Sie interessiert sich für alles, was ich mit nach Hause bringe
Ja ☐ Nein ☐

➤ Sie springt öfter und geschickter als früher
Ja ☐ Nein ☐

➤ Sie wirkt munterer und neugieriger
Ja ☐ Nein ☐

➤ Bei Fang- oder Verfolgungsspielen trickst sie mich öfter aus
Ja ☐ Nein ☐

➤ Sie erobert neue, höher gelegene Plätze
Ja ☐ Nein ☐

➤ Sie hat (wieder) Interesse an der Fliegenjagd
Ja ☐ Nein ☐

➤ Sie erwischt jeden Ball, den ich werfe oder rolle
Ja ☐ Nein ☐

➤ Wenn Papier raschelt, spitzt sie sofort die Ohren
Ja ☐ Nein ☐

➤ Sie muss jeden leeren Karton untersuchen
Ja ☐ Nein ☐

➤ Auch beim Schmusen zeigt sie Temperament (Stupsen, Herumrollen)
Ja ☐ Nein ☐

➤ Sie hat schon sichtbar abgenommen
Ja ☐ Nein ☐

➤ Sie hat ein schönes, glänzendes Fell, klare Augen und ein kühles Näschen
Ja ☐ Nein ☐

Konnten Sie noch nicht sehr viele Fragen mit „Ja“ beantworten? Macht nichts! Halten Sie durch. Machen Sie den Test in ein paar Wochen noch einmal. Sie werden sehen: Es geht voran.

Ist es das richtige Futter? Wenn das Futter für den angepeilten Zweck geeignet und alles drin ist, was Mieze braucht. Dann steht auf dem Etikett „Alleinfuttermittel für Katzen" und bei Light-Futter z. B. „für Katzen, die zu Übergewicht neigen", „bei Bewegungsarmut" oder „für weniger aktive Katzen". Falls Ihr Dickerchen schon 10 oder mehr Jahre auf dem Buckel hat, schauen Sie auch nach, ob das Futter „für Katzensenioren" geeignet ist. Spezielles Diätfutter schließlich trägt Vermerke wie „für übergewichtige Katzen", „Low Calorie Diet", „Reduktionsdiät für Katzen" oder Ähnliches.

Wie viel Fleisch ist drin? In der Rubrik „Zusammensetzung" sind die Zutaten in absteigender Reihenfolge ihres Gewichtsanteils aufgelistet. Gute Zeichen: Die auf dem Etikett genannte

Nur ein dickes Fell? Oder doch etwas zu viel Bauch? Die Tastprobe verrät es.

Fleischsorte – z. B. „mit Huhn" – steht an erster Stelle und liegt höher als die vorgeschriebenen 4 Prozent. Die weiteren Zutaten sind einzeln aufgeführt, der allzu wolkige Begriff „tierische und pflanzliche Nebenerzeugnisse" taucht nicht auf. So können Sie sicher sein, dass Ihre Katze das hochwertige Eiweiß bekommt, das sie braucht. Zur Sortenwahl: Das für Katzen am besten verdauliche Protein liefern vor allem Geflügelleber oder Muskelfleisch von Huhn und Lamm.

Wie fett ist „light"? Auskunft darüber finden Sie unter dem Stichwort „Inhaltsstoffe". Grobe Richtschnur: „Leichtes" Nassfutter enthält durchschnittlich 4 bis 5, Trockenfutter 10 bis 12 Prozent Rohfett. Die Rubrik zeigt außerdem den durchschnittlichen Gehalt des Futters an Rohprotein, Rohfaser, Rohasche (Mineralstoffe) und Feuchtigkeit. Der Gehalt an unverdaulichen Rohfasern fällt bei Diätfutter höher aus als bei den Light-Produkten: Sie zögern erneutes Hungergefühl hinaus und halten den Darm in Schwung – wichtig bei einer Diät.

Was ist noch drin? Ob das Futter Farb- und Konservierungsstoffe enthält oder welche Vitamine und Spurenelemente zusätzlich beigegeben sind, steht in der Liste der „Zusatzstoffe". Damit das enthaltene Fett nicht ranzig wird, müssen dem Futter Antioxidantien zugesetzt werden – besser als chemische Stoffe sind jedoch Zusätze von den Vitaminen C und E.

Wie viel soll ich füttern? Wie viele Kalorien sein Futter enthält, teilt kaum ein Hersteller mit. Orientieren Sie sich an der „Fütterungsempfehlung" auf Packung oder Dose und passen Sie die Menge an Gewicht und Aktivität Ihrer Katze an (→ Tabelle, Seite 10).

> **TIPP**
>
> **PFUNDE VERLIEREN – PREISE GEWINNEN**
>
> **Der eine verliert endlich seine überflüssigen Pfunde, der andere kann gleichzeitig attraktive Preise wie etwa Reise- oder Einkaufsgutscheine gewinnen: Bestimmte Diätfuttermittel-Hersteller (z. B. Hill oder Waltham) veranstalten von Zeit zu Zeit in Zusmmenarbeit mit den Tierarzt-Praxen Wettbewerbe um den erfolgreichsten vierbeinigen „Abnehmer". Fragen Sie doch mal nach.**

Trocken oder nass?

Geben Sie der Samtpfote am besten zwei Drittel des Tagesbedarfs als Nass- und ein Drittel als Trockenfutter. Das Trockenfutter hilft Zähne und Zahnfleisch fit zu halten und Beläge wenigstens teilweise zu reduzieren. Das Nassfutter deckt zumindest einen Teil des Wasserbedarfs. Als Nachfahren von Wüsten- und Steppentieren trinken unsere kleinen Salonlöwen von Natur eher wenig und oft eben nicht genug. Sorgen Sie dafür, dass frisches Wasser Tag und Nacht zur Verfügung steht – möglichst an mehreren Plätzen in der Wohnung und mindestens zwei Meter vom Futternapf entfernt. Auch der Löwe und die anderen Wildkatzen ziehen immer vom Futterplatz zur Wasserstelle. Das Wasser muss übrigens nicht immer frisch aus der Leitung kommen: Manche Katzen bevorzugen es, wenn es schon ein wenig abgestanden ist. Es gibt sogar Katzen, die mit Vorliebe das Wasser aus der Blumenvase trinken. Tierärzte plädieren dafür, der Samtpfote in diesem Punkt ihren Willen zu lassen. Hauptsache, sie trinkt überhaupt und im Wasser sind keine Zusätze. Falls Sie nicht wissen, ob Ihre Katze eher Frisch- oder „Pfützen“-Trinkerin ist, stellen Sie mehrere Näpfe auf und erneuern das Wasser in unterschiedlichem Rhythmus, sodass immer das bevorzugte Nass zur Verfügung steht.

„Nein, dieses Futter fress ich nicht“

Wenn Sie Glück haben, begeistert sich Ihre Katze sofort für das neue Futter. Ebenso gut kann es aber auch sein, dass sie es stehen lässt und lautstark nach dem alten verlangt oder erst einmal mit Durchfall reagiert. Katzen sind nun einmal auch in puncto Futter oft Gewohnheitstiere. In diesem Fall heißt es nachgeben aber nicht aufgeben.

TIPP
BELOHNUNGEN OHNE FETT

➤ Rausch in Ehren: Streuen Sie getrocknete Katzenminze auf den Boden – Samtpfötchen wird ein wenig „high“ und kommt in Spiellaune.

➤ Spielbeute: Spendieren Sie mal eine Stoffmaus, ein Catnip-Säckchen oder anderes Kleinspielzeug und weihen Sie es gemeinsam ein.

➤ Flug-Show: Pusten Sie Seifenblasen in die Gegend oder lassen Sie Papierschwalben durch die Luft segeln – Ihre Katze macht große Augen!

➤ Streichel-Stunde: Nehmen Sie sich öfter Zeit zum Schmusen. Kommt sehr gut an: Erst die Hände warm reiben, dann streicheln. Schnurr!

Umgewöhnung Schritt für Schritt

Schleichen Sie sich vielmehr an die Schlankheitskost heran. Sie haben die Möglichkeit, zwei Wege zu gehen. Der erste:

➤ Ersetzen Sie 25 Prozent des gewohnten Futters durch das neue und vermischen Sie beides sehr gründlich. Wenn Ihre Katze die Mischung problemlos akzeptiert, gehen Sie nach zwei oder drei Tagen zum nächsten Schritt über.

➤ Die neue Mischung besteht aus 50 Prozent neuem und 50 Prozent gewohntem Futter. Warten Sie wiederum zwei bis drei

Tage ab, bevor Sie Ihrem Liebling das nächste Angebot machen.

➤ Geben Sie jetzt 75 Prozent neues und 25 Prozent gewohntes Futter. Wenn Ihre Katze diese Mischung akzeptiert, können Sie nach weiteren zwei oder drei Tagen völlig zum neuen Futter übergehen.

Versuchen Sie's in kleineren Schritten, falls der Kostgänger streikt. Oder probieren Sie die zweite „Einschleich-Methode" aus:

➤ 1. Tag: Servieren Sie das gewohnte Futter, knapsen aber einen Teelöffel voll (ca. 12 g) davon ab und ersetzen ihn durch die gleiche Menge Diätfutter. Pflügen Sie alles ein paar Mal mit der Gabel um, so dass sich beide Sorten gut vermischen.

➤ 2. Tag: Verfahren Sie bei der Fütterung ebenso wie am ersten Tag.

➤ 3. Tag: Ersetzen Sie zwei bis drei Teelöffel des alten Futters durch neues.

➤ 4. Tag: Heute wie am 3. Tag füttern.

➤ 5. Tag: Die Tagesration besteht heute aus einem Drittel neuem und zwei Drittel gewohntem Futter.

➤ 6.Tag: Genauso füttern wie gestern.

➤ 7. Tag: Neues und gewohntes Futter halb und halb servieren

➤ 8. Tag: Füttern Sie Ihren Liebling heute genau so wie am 7. Tag.

➤ 9. Tag: Servieren Sie an diesem Tag ein neues Mischungsverhältnis: drei Viertel neues, ein Viertel gewohntes Futter.

➤ 10. Tag: Gleiche Fütterung wie gestern.

➤ 11. Tag: Glückwunsch zum ersten „Voll-Diät-Tag".

Kehren Sie zur „Löffelchen-für-Löffelchen-Methode" zurück, wenn Ihre Katze die größeren Schritte nicht mitmachen will. Geduld und Ausdauer zahlen sich am Ende aus, vor allem dann, wenn Sie mehr davon zeigen als Ihr kleiner Dickkopf.

Ein paar Tipps für Selbstversorger

Wer gut über die speziellen Ernährungsbedürfnisse von Katzen Bescheid weiß, kann ihr Futter auch selbst zubereiten. Es ist allerdings nicht ganz einfach, dass der Stubentiger alle lebensnotwendigen Nähr- und Wirkstoffe in der richtigen Zusammensetzung bekommt und dabei auch noch abnehmen kann. Ganz wichtig sind folgende grundsätzliche Regeln:

➤ Jede Mahlzeit sollte sich aus mehreren Bestandteilen zusammensetzen z. B. Fleisch bzw. Fisch, Haferflocken oder Reis und faserreichem Gemüse wie Möhren, Zucchini, Broccoli, Soja- oder Alfalfa-Sprossen. Alle Zutaten garen!

➤ Kohl, Lauch oder Zwiebeln sind nichts für die Katzenküche: Sie verursachen Blähungen, Zwiebeln können darüber hinaus zu Blutarmut führen.

➤ Verwenden Sie nicht nur mageres Fleisch, sondern auch solches mit mittlerem und etwas höherem Fettgehalt, um so einem Mangel an lebensnotwendiger Arachidonsäure (essenzielle Fettsäure) vorzubeugen.

➤ Auch auf zusätzliche Proteinquellen zugreifen, z. B. gekochte Eier, Quark oder Hüttenkäse, Innereien (nur in kleinen Mengen) und eventuell etwas Futterknochenmehl aus dem Fachhandel. Damit erhöhen Sie unter anderem auch den Vitamin- und Mineralstoffgehalt der Diät.

➤ Mahlzeiten mit wenig Fett und vielen Ballaststoffen pro Tagesration einen Teelöffel Sonnenblumen-, Distel-, Maiskeim- oder Traubenkernöl zusetzen, um so die Versorgung mit der lebensnotwendigen Linolsäure (essenzielle Fettsäure) sicherzustellen.

➤ Vitamin- oder Mineralstoffzusätze unbedingt mit dem Tierarzt absprechen und nicht auf eigene Faust experimentieren: Mangel und Überschuss gefährden die Gesundheit gleichermaßen.

Hinweis: Auf der sicheren Seite bleiben Sie, wenn Sie als Ernährungsgrundlage ein hochwertiges kalorienreduziertes Fertigfutter verwenden und nur zu besonderen Gelegenheiten etwas Selbstgekochtes servieren (→ Seite 29).

Der Spezialist für schwere Fälle

Je mehr Speck Ihr kleines Dickerchen auf den Rippen hat, desto wichtiger ist es, die Massen wieder loszuwerden, denn das Krankheitsrisiko steigt mit jedem Pfund (→ Übergewicht – ein Gesundheitsrisiko, Seite 12). Für die ganz „schweren Fälle" brauchen Sie eine strengere Diät und unbedingt die Hilfe eines Spezialisten: Ihres Tierarzts. Der Tiger von der traurigen Gestalt kann dabei nur gewinnen: Höchstwahrscheinlich sogar ein paar Jahre Leben und mehr Lebensfreude sowieso. Dass die Kur ihn auch hübscher macht, ist zwar nur am Rande wichtig, aber nicht zu verachten.

INFO
FUTTER FÜR MUTTER

In zwei Fällen gilt ein grundsätzliches Abspeck-Verbot: Trächtige und säugende Katzen dürfen futtern, so viel sie wollen! Sie brauchen nicht weniger, sondern mehr Futter. Außerdem sollte ihre Nahrung unbedingt einen höheren Fettanteil enthalten. Katzenmütter brauchen diese zusätzliche Energie, um genügend Milch für den Nachwuchs zu produzieren und um genügend Kraft zu schöpfen.

1 *Katze und Frauchen am Boden. Immer schön auf Augenhöhe und nicht etwa „von oben herab" – so lassen sich selbst kleine Faulpelze gern zu einem Spiel animieren.*

2 *Verwöhnung pur: Wer sich so bei Frauchen einkuscheln kann und dann noch ausgiebig zwischen den Ohren gekrault wird, denkt gar nicht mehr an kalorienreiche Leckerlis, sondern genießt nur noch.*

Der Weg zum Ziel

Der Tierarzt klärt ab, ob die Katze, abgesehen von ihrem Übergewicht, ansonsten gesund ist, stellt das gegenwärtige Gewicht fest, berechnet ihr Optimalgewicht – das Ziel, das es zu erreichen gilt – und stellt gemeinsam mit Ihnen das Programm zum Abnehmen auf. Dazu gehören:

➤ Abschätzen der Zeit, bis das Zielgewicht erreicht ist. Rechnen Sie mit mindestens zwölf Wochen – falls Sie sich in die Diät „einschleichen" müssen, kann es auch länger dauern (→ Seite 24).

➤ Umstellung auf ein Diätfutter für übergewichtige Katzen, das alle Nährstoffe im ausgewogenen Verhältnis enthält, aber 20 bis 30 Prozent weniger Kalorien als die bisher gefütterte Nahrung hat. Der hohe Anteil an Rohfasern (15 Prozent in der Trockenmasse) sorgt für Sättigung und fördert die Verdauung. Während der Kur gibt es für Ihre Samtpfote nur dieses Futter und sonst gar nichts.

➤ Festlegen der Tagesration. Der Tierarzt berechnet sie so, dass die Katze pro Woche etwa zwei Prozent abnehmen wird – vorausgesetzt Sie halten sich an die Mengenvorgabe.

➤ Striktes Häppchen-Verbot. Sie dürfen zwischendurch allenfalls kleine Würfel des Diät-Futters geben.

➤ Anlegen einer Gewichtskurve, um den Fortschritt vom Startgewicht zum Zielgewicht sichtbar zu machen.

➤ Bewegungsprogramm (→ Praxis, Seite 34). Für den Anfang können Sie selbst einem trägen Moppel zweimal täglich 15 Minuten Spielzeit zumuten.

➤ Erfolgskontrolle. Mindestens alle zwei Wochen sollte die Samtpfote vom Tierarzt untersucht und gewogen werden. Mögliche Mängel sind so schnell zu erkennen und zu beheben, und es ist auch eine Kampfmaßnahme gegen den „inneren Schweinehund", der versucht, Sie zum heimlichen Häppchen-Füttern zu verführen. Die Untersuchungen bringen alles ans Licht …

➤ Nachkontrolle durch den Tierarzt, um nach erfolgreichem Abspecken Rückfälle zu vermeiden.

Bewegung – ein Kapitel für sich

Wer in Bewegung bleibt, kriegt so schnell keine Figurprobleme. Weil einerseits jede körperliche Betätigung Energie verbraucht. Und weil andererseits regelmäßige Bewegung auch den Ruhestoffwechsel ankurbelt, so dass Fettpölsterchen sich erst gar nicht festsetzen können. Alles ganz logisch, aber sagen Sie das mal Garfield und seinen Doppelgängern! Dicke Katzen sind Faultiere im Katzenpelz. Sie legen allenfalls mal einen Sprint zur Futterschüssel ein und ruhen sonst lieber auf der Bärenhaut. Kein Wunder, denn schließlich müssen sie sich fürs Laufen, Springen und Klettern doppelt und dreifach anstrengen wie ihre schlanken Artgenossen.

Couch-Potatoes unter sich

Der allzu ruhige Lebensstil ergibt sich für manchen Etagentiger ganz zwangsläufig: Der Mensch geht morgens zur Arbeit, Mieze bleibt allein zu Haus und verdöst die Stunden bis zu seiner Rückkehr – wenn sie nicht gerade am Futternapf beschäftigt ist. Und abends?

Gesunde Extras

FÜR DEN BESONDEREN GESCHMACK

Bei strikter Diät gibt's nur eines: durchhalten und diese Seite überblättern! Ist der „Ranzen" nicht ganz so groß und sind die Vorschriften nicht gar so streng, darf es aber zu besonderen Gelegenheiten schon mal was Selbstgekochtes sein – selbstverständlich auf die Tagesration angerechnet.

KATZENBERGER-KLOPS

Zutaten: 50 g Rinder- oder Lammhack, 2 Essl. gekochter Vollreis, 1 kleine geraspelte Möhre oder Zucchini, 1 Ei.
Zubereitung: Alles gründlich miteinander vermischen, 1 Ei darüber geben, ganz leicht salzen (1 Msp.), nochmals alles verkneten, einen Klops formen und alles in eine feuerfeste Form füllen, etwas Distelöl darüber geben und im Backofen bei ca. 200° ca. 15 bis 30 Minuten backen. Vor dem Servieren abkühlen lassen.
Variationen: Sie können den Klops auch mit fein geschnittenem, gekochtem Hühnerfleisch oder klein geschnittenem, gedünstetem Fischfilet zubereiten. Backzeit dann etwas kürzer!

PUTE À LA MUSCH

Zutaten: 50 g Putenbrust, 1 Kartoffel, 1 Möhre, 1 Essl. saure Sahne, Wasser.
Zubereitung: Kartoffel und Möhre waschen, in Würfel schneiden und in kochendem Wasser garen. Putenbrust waschen, trocken tupfen, in Würfel schneiden, in wenig Wasser kurz andünsten und zu dem gekochten Gemüse geben. Saure Sahne unterrühren, alles aufkochen und sparsam salzen.
Variationen: Statt der Kartoffel 2 Essl. gekochten Reis, statt Putenbrust Hühnerfleisch, Rindfleisch oder Rotbarschfilet.

PUFFREIS-LECKERLI

Zutaten: 1 Tasse Reis, 2 Tassen aromatische Fleisch- oder Hühnerbrühe, 2 bis 4 Essl. Pflanzenöl.
Zubereitung: Brühe zum Kochen bringen, Reis einrühren, aufkochen lassen und auf kleiner Flamme so lange garen, bis alle Flüssigkeit absorbiert ist. Reis auf einem Backblech ausbreiten, im Backofen dörren oder bei Zimmertemperatur einen Tag lang trocknen lassen. Öl in einer Pfanne erhitzen, Reis portionsweise hinein geben und so lange umrühren, bis die Körner platzen. Den Puffreis auf Küchenpapier abtropfen lassen, in einen luftdichten Behälter packen und in kleinen Portionen als Belohnungshäppchen servieren.
Variation: Sie können die Leckerlis auch mit Fischfond zubereiten.

Da sind die Couch-Potatoes unter sich! Ab aufs Sofa, Fernbedienung in der Hand, Katze auf dem Schoß, Entspannung genießen nach einem stressigen Arbeitstag. Und dazu vielleicht Kartoffelchips und Katzen-Kräcker … Schnurrige Schmuse- und Mußestunden mit Ihrem Liebling (ohne Kräcker) sind Ihnen von Herzen gegönnt. Aber gönnen Sie ihm auch sein Training! Allein Bewegung verhilft dem Dickerchen zu dauerhaftem Diäterfolg. Werden Sie ihm zuliebe Fitness-Coach statt Couch-Potato.

Die Bewegungsfreude wieder wecken

Zum Glück ist auch die trägste Sofakatze ganz tief drinnen von Bewegung fasziniert. Zwar nicht unbedingt von der eigenen, aber wenn irgend etwas Kleines vorüberhuscht, -flattert, -taumelt, -rollt oder sich schlängelt, kommt Spannung auf, der Schwanz zuckt erregt hin und her: Achtung, Beute! Lassen Sie also Bällchen rollen und Flummis hüpfen, ziehen Sie eine weiche Kordel in Schlängelbewegung über den Teppich, bringen Sie aus der Zoofachhandlung eine Katzenangel mit Plüschmaus mit, wedeln Sie damit durch die Luft oder ziehen Sie die „Beute“ schnell über den Boden – irgendwann ist dann der Jagdtrieb geweckt und die Katze setzt dem Objekt der Begierde nach.

> **TIPP**
>
> **MOGELPACKUNG**
>
> **Ihr kleines Giermäulchen ist mit den reduzierten Portionen nicht einverstanden? Vielleicht akzeptiert die Katze eine „Mogelpackung“: Strecken Sie das Futter mit „glitschig“ gekochter, unverdaulicher Weizenkleie. Das macht zwar satt, aber nicht dick(er). Doch nicht bei allen Katzen klappt der Trick.**

Ausdauersport bringt's

Wer selbst etwas für die Figur tut, weiß: Fettverbrennung funktioniert am besten bei Ausdauertraining mäßiger Intensität: über längere Zeit flott gehen, joggen, auf dem Ergometer strampeln, sich dabei aber nicht so anstrengen, dass man außer Atem gerät. Bei Katzen sieht es ähnlich aus. Wenn der Sport einen Effekt auf die Energiebilanz haben soll, muss der kleine Jäger mindestens 15 Minuten bei der Stange bleiben, darf sich dabei jedoch nicht überanstrengen. Lassen Sie's also langsam angehen und achten Sie vor allem darauf, dass der Vierbeiner nicht das Interesse verliert. Wenn Ihr Dicker schon nach zwei, drei Mal Angeltatzen oder Bällchenverfolgen genug hat, müssen Sie das Training für ihn noch interessanter machen:

➤ Spielen Sie auf Augenhöhe – begeben Sie sich dafür auf den Boden zu Ihrer Katze.

1 Im Allgemeinen machen sich unsere Vierbeiner zwar nicht gern die Samtpfoten nass – aber schwimmfähiges Spielzeug aus dem „Goldfischglas“ zu angeln ist schon eine feine Herausforderung. Trockenvariante: Einen Schuhkarton mit Löchern versehen und Spielmäuschen oder andere Kleinigkeiten zum Angeln hineinlegen.

2 Petri Heil, kleiner Angler! Bitte zugreifen! Die Beute ist garantiert kalorienfrei, und dazu gibt's noch ausgiebige Streicheleinheiten von Frauchen. Herrlich! Wenn sich in den täglichen „Trainingsstunden“ Spiel- und Kuschelphasen abwechseln, bleiben keine Katzenwünsche offen. Und der Stoffwechsel wird ganz sanft, aber nachhaltig angekurbelt.

➤ Lassen Sie die „Beute“ nicht nur geradeaus laufen, sondern auch in Spalten und Ecken huschen, unter dem Schrank verschwinden oder hinter einem Möbelstück „Schutz suchen“ – wie es eben auch ein „richtiges“ Mäuschen tun würde.

➤ Gönnen Sie Ihrer Katze Erfolgserlebnisse – Jagdglück spätestens bei jedem dritten Versuch. Passen Sie Schnelligkeit und Intensität des Spiels der Kondition Ihrer Katze an: Überforderung frustriert!

➤ Machen Sie neue Spielangebote, die vielleicht mehr Interesse finden. Im Zoofachhandel gibt es beispielsweise das Funlight. Die handliche Taschenlampe liefert auf Knopfdruck einen Lichtpunkt, und den muss Ihr kleiner Jäger „fangen“. Macht sehr viel Spaß und fördert auch Ihre Reaktionsfähigkeit, denn sobald Ihre Katze die Pfote auf den Leuchtpunkt setzt, müssen Sie den

Knopf loslassen – weiterleuchten gilt nicht! Übrigens, abends, wenn es dunkel ist, wird jeder Taschenlampenstrahl begeistert gejagt (→ Spiele, Seite 44). Und wenn die Sonne scheint, schafft ein kleiner Taschenspiegel hüpfende Lichtpunkte.

➤ Räumen Sie das Spielzeug nach dem Sport weg, damit es weiter interessant bleibt. Falls sich Ihre Katze partout nicht für ein Spielzeug begeistern lässt, könnte folgender Trick helfen: Amüsieren Sie sich allein damit und tun Sie so, als hätten Sie Ihre Katze vor lauter Begeisterung über Ihr Spiel total vergessen. Räumen Sie das Spielzeug dann weg. Wenn Sie es beim nächsten Mal wieder herausholen, ist sie vielleicht ganz wild auf die „Wunderbeute". Eine weitere Möglichkeit, Spielzeug interessanter zu machen, ist getrocknetes Baldriankraut. Geben Sie das Kraut in ein verschließbares Gefäß. Legen Sie das Spielzeug ebenfalls hinein. Die meisten Katzen fahren voll auf den Baldriangeruch, der nun dem Spielzeug anhaftet, ab. Wenn Ihre Katze erst mal ein wenig abgenommen hat, wird sie von sich aus wieder mehr Spaß am Spiel zeigen. Steigern Sie dann langsam Dauer und Intensität der „Sportstunde". In aller Regel wird Ihr Vierbeiner begeistert mitmachen und die Figurprobleme sind bald Vergangenheit.

Hohe Gläser sind kein Hindernis. Also Leckerlis unter Verschluss halten!

TIPP
STETS EINE FRISCHE PORTION

Auch wer den lieben langen Tag über außer Haus ist, kann seiner Katze kleine, frische Futter-Portionen anbieten. Futterautomaten mit Zeitschaltuhr machen es möglich. Sie geben nach Ablauf der eingestellten Zeit ihren Inhalt frei. An heißen Tagen besonders wichtig: Kühl-Akkus halten das Futter über Stunden frisch. Die Automaten gibt's im Zoofachhandel in einfacher Ausführung oder mit zwei Näpfen und zwei unabhängig voneinander schaltbaren Uhren.

Spiel- und Sportplatz Wohnung

Schön, wenn der Stubentiger im Wohnungsrevier auch allein ein bisschen Sport treiben kann, z. B. mit einer Rolle aus Plüsch, in der man wunderbar im Zimmer herumrollen kann. Sie können auch einen Katzenpfad in der Wohnung anlegen, der die Katze dazu animiert, mehrmals täglich ihre Runden zu drehen. Dazu zum Beispiel Regalbretter stufenförmig an der Wand befestigen. Ein erhöhter Aussichtsplatz, beispielsweise auf dem Schrank, sorgt für eine gute Übersicht, muss aber vorher erklettert werden (→ Seite 39). Der Kratz- und Kletterbaum – unbedingt anschaffen, falls Sie noch keinen haben! – wird noch interessanter, wenn Sie Spielzeug am elastischen Band daran befestigen oder ein dickes Seil zum Balancieren anbringen (→ Foto, Seite 35). Es gibt entsprechende Angebote für Spielzeug im Zoofachhandel, schlichte Korken oder Papierbälle tun es aber genauso. Auch an der Tür beziehungsweise im Türrahmen können Sie solche Spielbeute befestigen.

Im Zoofachhandel finden Sie noch weiteres Beschäftigungsspielzeug, zum Beispiel:

- Das Angel-, Kratz- und Fangspiel „Play'n'Scratch",
- den „Cat-Track", einen Kunststoffring mit Ball, den es herauszuangeln gilt (klappt so gut wie nie, macht aber den meisten Katzen ungeheuren Spaß!),
- den „Kitty Swing", eine Art Steh-auf-Vögelchen, das den Katzen-Tatzen immer wieder ausweicht oder
- Catnip-Toys, die mit Katzenminze gefüllten Söckchen oder Säckchen zum Erbeuten, Herumschubsen und Attackieren mit den Zähnen und den Krallen. Selbstverständlich ersetzt solches Spielzeug nicht die gemeinsame Spiel- und Sportstunde. Aber es macht Spaß und vertreibt die Langeweile, wenn der zweibeinige Mitspieler nicht zu Hause ist. Und Langeweile ist ein schlimmer Dickmacher …

INFO
WARUM BEWEGUNG?

Mit Training allein lässt sich nur wenig Fett abbauen. Das weiß jeder, der sportlich aktiv ist. Trotzdem ist Bewegung entscheidend für den dauerhaften Erfolg einer Schlankheitskur, weil sie auf jeden Fall …

- **den Energieverbrauch steigert und so Kalorien verbrannt werden,**
- **den Ruhestoffwechsel ankurbelt,**
- **den Muskelabbau und auch den Mineralverlust der Knochen verhindert, die bei Schmalkost auftreten können,**
- **Herz und Kreislauf in Schwung bringt,**
- **nach der Diät erneutem Fettansatz vorbeugen hilft.**

Wie die Pfunde gründlich schmelzen

DIÄT- UND TRAININGSPLAN FÜR EINEN MONAT

Kater Dickie ist nicht wirklich fett. Aber das Plus auf seinem Energie-Konto zeigt sich als kleiner „Rettungsring“. Um den loszuwerden, muss er das Konto erst mal überziehen: mehr Energie ausgeben, als er eingenommen hat. Dabei heißt die Devise: Schön langsam in die Miesen!

Die Diät beginnt

Bestandsaufnahme: Dickie, kastrierter Wohnungskater, 6 Kilo schwer, braucht etwa 360 kcal am Tag. Bislang hat er morgens und abends je 100 g Nassfutter bekommen (je nach Marke ca. 140 bis 200 kcal) und tagsüber 80 g Trockenfutter (ca. 260 kcal) zur Selbstbedienung. Macht mindestens 40, oft mehr als 100 Kalorien zu viel.

Ein schönes, dickes Klettertau ist eine Bereicherung für den heimischen Fitness-Parcours. Übrigens: Ohne Speck im „Gepäck" macht Balancieren noch einmal so viel Spaß – wie man sieht.

Springlebendig: Schlanke Katzen haben nicht nur weniger Probleme mit Herz und Kreislauf als die Dickerchen, sie sind auch beweglicher, weil ihre Gelenke nicht so stark belastet werden.

Erste Woche: Morgens gibt's erst mal 15 Minuten Bewegung. Zur Belohnung die erste Futter-Portion: 60 g Nass-, 20 g Trockenfutter. Die nächste gleich große Mahlzeit 4 bis 5 Stunden später. Abends ist wieder 15 Minuten Bewegung angesagt, bevor es die letzte Portion (wieder 60 g Nass-, 20 g Trockenfutter) gibt.

Zweite Woche: Die drei Nassfutter-Portionen werden auf je 50 g gekürzt und das Trockenfutter auf insgesamt 50 g herabgesetzt.

Dritte Woche: Pro Mahlzeit 40 g Nassfutter und ca. 15 g Trockenfutter. „Frühsport" wie bisher, abends 25 bis 30 Minuten Training.

Vierte Woche: Training und Nassfutter wie bisher, aber nur noch 30 g Trockenfutter über den Tag verteilt. Am Abend noch mal 15 Minuten Spiel und ein (!) Leckerli.

Tipps und Tricks

✔ Zum Abwiegen der Portionen Kunststoff-Schälchen aus der Feinkost-Abteilung nehmen.

✔ Keine Küchenwaage im Haushalt? Mit der Briefwaage geht's auch!

✔ Dosenfutter in Gläser oder Tupperdosen umfüllen, bevor Sie es in den Kühlschrank stellen. Mindestens eine halbe Stunde vor dem Verzehr herausnehmen.

✔ Für schlanke Mitkatzen im Haushalt getrennte Futterplätze einrichten.

✔ Betteln besser ignorieren. Allenfalls dürfen Sie ein paar Bröckchen der täglichen Trockenfutter-Ration austeilen.

✔ Nicht nur Katzengras zur Verfügung stellen, sondern auch Töpfe mit Majoran, Katzenminze und Thymian. Denn Duft vertreibt den Diät-Frust!

So leicht hält Ihre Katze die Figur

Endlich Wunschgewicht. Welche Erleichterung für Ihre Katze und nicht zuletzt auch für Sie! Jetzt freilich lauern die Fett-Teufelchen auf neue Chancen. Aber keine Sorge, Ihr kleines Raubtier und Sie werden es den unangenehmen Gesellen schon zeigen! Und dabei auch noch eine Menge Spaß haben.

Dem Jo-Jo-Effekt keine Chance

Sie haben es geschafft: Ihrer Katze geht es großartig, sie ist ein ganzes Stück munterer geworden, sie kann sich auch wieder geschmeidiger bewegen und der Speck ist erst einmal weg. Außerdem sieht sie verjüngt aus. Aber ob der Speck auch dauerhaft verschwunden bleibt, haben Sie in der Hand. Wenn Sie in die alten Gewohnheiten zurückfallen, kommen die „Rettungsringe“ leider ganz schnell wieder. Sorgen Sie also lieber dafür, dass die neuen Gewohnheiten in Fleisch und Blut übergehen.

Auf leisen Pfoten ...

Schleichen Sie sich aus der Schmalkost-Phase ebenso heraus, wie Sie sich hineingeschlichen haben. Berechnen Sie den Tagesbedarf nach dem glücklich erreichten neuen Gewicht (→ Tabelle, Seite 10) und lassen Sie die Portionen langsam wieder größer werden. Falls Ihr Ex-Dickerchen zu den eher „gemütlichen“ Naturen gehört, die zum Rundwerden neigen, bleiben Sie am besten beim Light- oder Diätfutter.
Selbstverständlich darf die erfolgreich abgespeckte Katze wieder „normales“ Futter fressen. Schauen Sie aber bei der Auswahl kritisch aufs Etikett (→ Seite 20), entscheiden

Sie sich für hochwertige Sorten und achten Sie vor allem beim Trockenfutter auf einen hohen Fleischanteil. Es zahlt sich aus, nicht zuletzt, weil Sie davon weniger füttern müssen: „Weniger Masse, mehr Klasse".

Bewährtes beibehalten

Weniger Masse ist auch in Bezug auf die einzelnen Mahlzeiten weiterhin von Vorteil: Behalten Sie die Aufteilung der Tagesration auf drei oder vier Mahlzeiten nach Möglichkeit bei. Und das „Sportprogramm" sowieso! Das sollten Sie sogar noch ausbauen, denn sonst gerät das Energie-Konto nur zu bald wieder in ein unerwünschtes „Plus": Ihr ranker, schlanker Stubentiger muss jetzt für seine Leistungen beim Springen, Laufen und Turnen weit weniger Energie aufwenden als zu den „vollfetten" Zeiten.
Packen Sie auch das Futter-Tagebuch vom Beginn der Schlankheitskur nicht völlig beiseite. Selbstverständlich müssen Sie längst nicht mehr jeden Bissen akribisch notieren, am wöchentlichen Wiegen jedoch sollten Sie festhalten und die Ergebnisse eintragen. Falls Samtpfötchen doch mal wieder ins Fettnäpfchen tappt, klingeln so früh genug die Alarmglocken.

Leckerbissen gegen Leistung

Vielleicht ist es Ihnen besonders schwer gefallen, Ihrem Liebling die Snacks und Leckerbissen zwischendurch zu verweigern. Jetzt wird doch hin und wieder mal einer der begehrten Katzen-Kekse erlaubt sein, oder? Ja, aber …
„Aber" bedeutet: Rechnen Sie die Leckerlis auf die tägliche Futterration an, denn sonst gibt es allzu schnell wieder ein Gewichtsproblem. Und lassen Sie Mieze für die Häppchen etwas tun, anstatt sie als „milde Gaben" auszuteilen. Ein „Belohnungs-Leckerchen" darf es zum Beispiel geben, wenn

- Ihre Katze sich bei der letzten Spiel- und Sportstunde am Abend richtig ins Zeug gelegt hat,
- sie sich von Ihnen brav hat kämmen und bürsten lassen,

TIPP
SNACKS IN KLEINEN DOSEN

Naschen macht dick. Einerseits. Andererseits hat Ihre Katze sich hin und wieder ja doch ein Belohnungshäppchen verdient (→ Seite 16). Der Kompromiss: Packen Sie jeden Tag eine ganz kleine Anzahl – nicht mehr als 4 oder 5 Stück – der begehrten Katzen-Snacks oder ein wenig selbst zubereiteten „Puffreis" (→ Seite 29) in eine Dose. Diese Leckerbissen dürfen Sie über den Tag verteilt verfüttern. Bitte bleiben Sie konsequent: Wenn die Dose leer ist, gibt's an diesem Tag keine weiteren Leckerlis mehr, sondern „nur" noch Streicheleinheiten oder Spielspaß zur Belohnung.

➤ sie das Leckerli selbst entdeckt hat (nachdem Sie es heimlich versteckt haben),
➤ sie etwas Neues gelernt hat.

Neue Anregungen bieten

Munter, neugierig, unternehmungslustig – Sie haben quasi eine neue Katze. Wird ihr die alte Umgebung noch gerecht? Die Frage drängt besonders, wenn sich das Revier Ihrer Samtpfote auf die Wohnung beschränkt. Schauen Sie sich kritisch in Ihren vier Wänden um: Bieten Sie der Katze genügend An- und Aufregung, um sie in Schwung zu halten?

Revier-Verbesserung

Einen Kratz- und Kletterbaum mit Aussichtsplatz hat Ihr kleiner Jäger sicherlich, aber wie wär's mit noch ein paar Hochsitzen mehr, sodass er sein Revier immer wieder neu im Blick hat? Ganz oben auf dem Bücherbord im Wohnzimmer ist doch gewiss noch ein Plätzchen frei, auf dem Kleiderschrank im Schlafzimmer vielleicht auch, und brauchen Sie das Bord über der Flurgarderobe wirklich nur für Hüte?

„Spitzenplätze“, die nicht mit ein, zwei Sprüngen zu erreichen sind, kann ein geschickter Heimwerker leicht mit Stegen, Leitern oder Klettertauen zugänglich machen. Und warum eigentlich nur ein Kletterbaum? Ein alter Paravent, beklebt mit grobem Sisalteppich, ein mit Jute oder Sackleinwand bespannter, fest verdübelter Rahmen oder eine zweckentfremdete Sprossentür geben wunderbare Kletterwände ab. Ein paar zusätzliche Verstecke machen das Revier ebenfalls interessanter. Kartons mit Einschlupflöchern sind beliebte „Katzen-Höhlen“, die zu richtigen „Burgen“ zusammengefügt werden können. Ausrangierte aufgerollte Läufer werden zu Tunneln – am besten mit der rauen Seite nach außen, dann hat Ihr kleiner Revierbesitzer auch noch ein zusätzliches Kratz-

Berechtigter Katzenstolz: mein absolut wunderbarer Waschbrettbauch.

objekt. Kuschelhöhlen, Katzenhäuschen und Tunnel zum Verstecken gibt es mittlerweile übrigens auch im Zoofachhandel – für alle, die es perfekt mögen. Für die anderen noch ein Tipp: Hinter (oder unter) Sofa- und Sesselüberwürfen kann sich nicht nur die Katze prima verstecken, Spuren von den „Kratz-Sünden“ werden ebenfalls gnädig verhüllt.

Spannung schaffen

Stimmt schon: Katzen sind Gewohnheitstiere und haben auch in ihrem Revier am liebsten alles „wie immer“. Das ist aber nur die eine Seite der Medaille. Andererseits müssen sich Freiläufer immer wieder mal auf Veränderungen in der Umgebung einstellen: Ein plötzliches Hindernis auf dem gewohnten Pfad, Neuanpflanzungen oder Kahlschlag im Garten, ein unbekannter Artgenosse, mit dem noch über die Rangordnung „verhandelt“ werden muss – und manches andere mehr. Das bringt Spannung ins Leben, trainiert Körper, Sinne und Katzen-Intelligenz. Dasselbe gilt für wohl dosierte gelegentliche Veränderungen im Wohnungsrevier. Beispiele:

➤ **Mitbringsel aus der Natur.** Das kann ein Stück Treibholz sein, ein paar Hühnerfedern, frisches, duftendes Heu (gern auch aus der Zoofachhandlung) oder ein Sträußchen aus Katzenminze, das Sie an den Kratzbaum oder eine Türklinke hängen.

➤ **Mobile Verstecke.** Ihrer Katze macht es Spaß, unter ein „Zeitungsdach“ zu krabbeln oder in eine stabile Packpapertüte, vor allem, wenn Sie ein wenig getrocknete Katzenminze hinein geben. Ein Einkaufskarton, mit dem Boden nach oben aufgestellt und mit eingeschnittener „Tür“ an der Schmalseite ist ebenfalls unwiderstehlich für die Höhlenforscher. Ein ausrangiertes großes Tischtuch, über einen kleinen Beistelltisch gelegt, ist ideal für „Under-Cover-Action“ und lässt sich bei Langeweile herunterziehen, knuddeln und durch die Gegend schleifen. Außerdem eignet es sich gut fürs „Gespensterspiel“ (→ Seite 45).

➤ **Catwalk.** Katzen durchstreifen ihr Revier gern auf bestimmten Pfaden. Wer Spaß am Heimwerkern hat, schenkt seinem Liebling einen Laufsteg in luftiger Höhe. Der „Cat-

TIPP
ERLAUBTE EXTRAS VOM TISCH

Immer wieder sonntags darf es mal ein „Extra“ von Ihrem Tisch sein: ein kleines Stück Butter (erbsengroß), ein bis zwei Esslöffel Hüttenkäse oder Joghurt, ein Eigelb gekocht übers Futter gebröckelt oder auch mal ein Stückchen Käse. Um das unangenehme Betteln nicht zu fördern, sollten Sie Ihrem vierbeinigen Liebling die Extras stets in seinen Futternapf legen.

walk“ ist über eine Leiter zu erklettern, läuft z. B. in Türhöhe den Flur entlang und führt zum Kratz- und Kletterbaum mit seiner Ruheplattform. Wer will, kann mit Stegen Schränke und Regale verbinden, sodass der Pfad durch mehrere Räume führt. Dann sollte es auch mehrere Auf- und Abstiege und verbreiterte Borde als zusätzliche Ruheplätze geben.

Artgenosse im Revier?

Katzen mit freiem Auslauf müssen sich früher oder später auch mit Artgenossen im Revier auseinander setzen. Wir wissen heute, dass die „Einzelgänger“ unter bestimmten Umständen die Gesellschaft anderer Katzen durchaus zu schätzen wissen – auch wenn sich das in mancher klaren Vollmondnacht völlig anders anhört. Und in der Wohnung? Zwei miteinander aufgewachsene Katzen sind da auf jeden Fall besser dran, haben mehr Spaß und weniger Langeweile. Und sie halten sich gegenseitig auf Trab. Falls Sie jetzt mit dem Gedanken spielen, eine zweite Katze anzuschaffen, überlegen Sie lieber noch mal: Wollen Sie „Agent 002“ nur anschaffen, damit er Ihren kleinen Faulpelz in Bewegung hält? Vergessen Sie's! Katzen sind wahre Meister darin, die ihnen zugedachten Rollen nach eigenem Geschmack zu verändern. Sinnvoll ist das ganze Unternehmen nur, wenn die Zwei in Charakter und Temperament einigermaßen zusammenpassen – sonst ist Dauerzoff programmiert oder die beiden gehen einander aus dem Weg. Die neue Samtpfote fordert von Ihnen ebenso viel Liebe, Zeit und Aufmerksamkeit wie die alteingesessene. Auch sie braucht das Gefühl, bei ihrem Menschen die „Nr. 1“ zu sein. Und Sie brauchen starke Nerven, denn auch Katzen, die gut miteinander auskommen, müssen sich erst mal aneinander gewöhnen(→ Info, Seite 42). Glauben Sie übrigens nicht, dass die zweite Katze Sie als „Trainer“ arbeitslos macht:

INFO
WER PASST ZU WEM?

➤ Grundsätzliches: Jungtiere werden von erwachsenen Katzen leichter akzeptiert als ältere. Katzendamen kommen besser mit kleinen Katern klar, Kater sind toleranter – meist auch gegenüber erwachsenen Neuzugängen. Senioren, die bislang „solo“ waren, mögen sich nicht mehr umstellen.

➤ Rassen: Britisch Kurzhaar, Perser oder Exotic Shorthair freunden sich eher mit den ebenfalls ruhigen Ragdolls oder Birma an als mit den oft recht temperamentvollen Siam, Abessiniern oder auch Burmesen.

Wer viel in Bewegung ist, darf sich auch im Wohnbaum ausruhen. Er bietet nicht nur angenehm kuschelige Plätzchen, sondern auch Spiel- und Klettermöglichkeiten für zwei „Sportskameraden".

TIPP

EFFEKTIVE FITNESSÜBUNG

Ideal für diese Übung sind Katzenangeln mit Plastikstäben. Nachdem Ihre Katze die Plüschbeute „gefangen" hat, drehen Sie die Angel um und lassen den Plastikstab vor ihr hin und her pendeln. Sie wird danach springen.

Wenn beide tüchtig miteinander toben, dürfen die Spiel- und Sportstunden mit Ihnen zwar insgesamt etwas kürzer ausfallen, aber Spielpartner Nr. 1 bleiben Sie – für beide Vierbeiner!

Routine für die Katz'

„Neue" schlanke Katze, neu gestaltetes Revier, neue Aktivitäten: Ihr Stubentiger hat in den vergangenen Wochen einen Umbruch erlebt. Alles nur zu seinem Besten, aber jetzt hat er erst mal die Nase voll von Veränderungen. Bieten Sie ihm nun so viel Routine und Regelmäßigkeit wie nur möglich an:

➤ Selbstverständlich gehören pünktlich servierte Mahlzeiten dazu.

➤ Auch für Sport und Spiel sollten feste Zeiten reserviert sein.

➤ Regelmäßige Schmusezeiten tun der Katzenseele gut – und Ihnen auch.

➤ Kann ebenfalls zur geliebten Gewohnheit werden: die wöchentliche Pflegestunde auch für Kurzhaar-Tiger. Lassen Sie dafür die Katze auf einem angewärmten Handtuch Platz nehmen. Beenden Sie diese Sitzungen ruhig mit einem Leckerbissen (→ Tipp, Seite 38).

So macht Schlankbleiben richtig Spaß

BELIEBTE SPIELE FÜR SECHS BEINE

Nichts gegen Kratzbaum, Klettergerüst und Fitness-Spielzeug! Richtig Spaß macht das Bewegungsprogramm aber erst, wenn der Mensch mit von der Partie ist: In Gesellschaft ist Sport eben doch am schönsten, finden sogar unsere Individualisten auf Samtpfoten.

Die besten Spiele

Anhänger: Binden Sie sich eine weiche Kordel um die Taille, so dass das lange Ende über den Boden schleift, wenn Sie durch die Wohnung laufen. Sieht zwar etwas albern aus, macht aber auch eine faule Katze zum begeisterten Verfolger und „Anhänger“.

1 *Wer so gut Figur hält wie dieser hübsche Abessinier, darf auch zwischendurch mal einen kleinen Leckerbissen aus Frauchens Hand genießen. Aber es gibt ja Dinge, die mindestens ebenso viel Spaß machen ...*

2 *... etwa ein Spiel mit dem Federwedel. Schön, dass Frauchen sich Zeit nimmt. Zuerst gibt man sich als Kater von Welt noch zurückhaltend, aber nach und nach gewinnt der Spieltrieb doch die Oberhand.*

3 *Jetzt ist der Kleine voll dabei! Und fit genug, um nicht so schnell außer Atem zu kommen. Mindestens ein Viertelstündchen sollte das gemeinsame Spiel schon dauern, mehrmals täglich versteht sich.*

TIPP
KATZEN-SPASS

In USA schon Kultspielzeug, bei uns vorläufig fast nur übers Internet zu beziehen: „Cat Dancer" und „Cat Charmer". Der „Dancer", ein Objekt am Draht, bewegt sich wie ein Schmetterling, der „Charmer" mit dem bunten Band dagegen wie eine Schlange. Nähere Informationen und Bezugsquelle unter www.cats-country.de.

Gespensterspiel: Nichts für ernsthafte Leute: Verhüllen Sie sich mit einem alten Betttuch und krabbeln Sie auf allen vieren über den Boden. Der kleine „Ghostbuster" wird furchtlos auf das Gespenst springen.

Rollenwechsel: Die Katze unter dem Tuch tatzelt durch den Stoff nach Ihnen. Halten Sie lieber nicht Ihre Hand hin, sondern Spielstöckchen oder Federwedel.

Hindernislauf: Nehmen Sie eine Bindfaden-Rolle (mindestens 100 m) und befestigen Sie ein Catnip-Spielzeug daran. Legen Sie das Spielzeug auf den Boden, gehen Sie durch die Wohnung und rollen Sie dabei die Schnur ab. Führen Sie sie über Hindernisse (Stühle, Betten, Tisch usw.). Ziehen Sie dann die Schnur langsam ein und lassen Ihre Katze das Spielzeug verfolgen.

REGISTER

ADRESSEN

Verbände/Vereine

➤ Fédération Internationale Féline (FIFe), Little Dene, Lenham Heath Maidstone, Kent ME17 2BS, Großbritannien, www.fifeweb.org (engl.)

➤ Deutscher Edelkatzenzüchterverband e.V. , (1. DEKZV e.V.), Berliner Str. 13, 35614 Asslar, www.dekzv.de

➤ Deutsche Rassekatzen-Union e.V. (D.R.U.), Geschäftsstelle: Hauptstr. 56, 56814 Landkern, www.dru.de

➤ Österreichischer Verband für die Zucht und Haltung von Edelkatzen (ÖVEK), Liechtensteinstr. 126, A-1090 Wien, www.oevek.org

➤ Fédération Féline Helvétique (FFH), Denise Kölz, Solothurnerstr. 83, CH-4053 Basel, www.ffh.ch

➤ Deutscher Tierschutzbund e.V., Baumschulallee 15, 53115 Bonn, www.tierschutzbund.de

Für Adressen von Tierarztpraxen mit Naturheilverfahren:

➤ Gesellschaft für ganzheitliche Tiermedizin e.V. (GGTM), Geschäftsstelle: Dr. M. Wolters, Dahlienstr. 15, 53332 Bornheim-Waldorf, www.ggtm.de

Katzen im Internet

Viel Wissenswertes rund um Katzen, inklusive Gesundheit, Ernährung, Katzenlexikon, Katzenrassen und vieles mehr finden Sie auf folgenden Internetseiten:

➤ www.miau.de
➤ www.schmusekatzen.de
➤ www.juhukatzen.de
➤ www.katzen-info.de
➤ www.katzencity.de
➤ www.netz-katzen.de
➤ www.katze-und-du.de

Informationen über giftige Pflanzen erhalten Sie unter:

➤ www.vetpharm.unizh.ch/perldocs/toxsyqry.htm

Fragen zur Haltung beantworten

Ihr Zoofachhändler und der Zentralverband Zoologischer Fachbetriebe Deutschlands e. V. (ZZF), Rheinstr. 35, 63225 Langen, Tel. 0 61 03/91 07 32 (nur telefonische Auskunft möglich), www.zzf.de

Krankenversicherung

➤ Uelzener Allgemeine Versicherungsgesellschaft AG, Postfach 2163, 29511 Uelzen, www.uelzener.de

➤ AGILA Haustier-Krankenversicherung AG, Breite Str. 6 – 8, 30159 Hannover, www.agila.de

Registrierung von Katzen

➤ Haustierzentralregister, TASSO e. V., Frankfurter Str. 20, 65795 Hattersheim, Tel. 0 61 90/93 73 00, www.tiernotruf.org

➤ Internationale Zentrale Tierregistrierung (IFTA), Weiherstr. 8, 88145 Maria Thann, Tel. 0 08 00/84 37 73 -44 78 37 (kostenlos), www.tierregistrierung.de

➤ Deutsches Haustierregister, Deutscher Tierschutzbund e. V., Baumschulallee 15, 53115 Bonn, www.tierschutzbund.de

Wer seine Katze vor Tierfängern und dem Tod im Versuchslabor schützen will, kann sie hier registrieren lassen.

BÜCHER

➤ Paul Leyhausen: Katzenseele. Franckh-Kosmos, Stuttgart
➤ Katrin Behrend: Wohnungskatzen. Gräfe und Unzer Verlag, München
➤ Brigitte Eilert-Overbeck: Katzensenioren. Gräfe und Unzer Verlag, München
➤ Elina Sistonen und György Jankovics: Meine Katze macht was sie will. Gräfe und Unzer Verlag, München
➤ Elisabeth Mashall Thomas: Das geheime Leben der Katzen. Rowohlt-Verlag, Reinbek
➤ Elisabeth Meyer zu Stieghorst-Kastrup/Marion Herbst: Das Katzenkochbuch. Dumont Monte, Köln

ZEITSCHRIFTEN

➤ die edelkatze. Illustrierte Fachzeitschrift für Katzenfreunde, Verbandszeitschrift des 1. DEKZV (→ Adressen).
➤ katzen. Hrsg. D.R.U. (→ Adressen)
➤ Katzen extra. Symposion Verlag, Saarbrücken
➤ Geliebte Katze. Gong Verlag, München.

DIE AUTORIN

Brigitte Eilert-Overbeck ist seit vielen Jahren begeisterte Katzenhalterin und hat das Verhalten dieser faszinierenden Tiere intensiv studiert. Sie hat bei TV Hören und Sehen das Ressort „Frau und Familie“ geleitet und etliche Artikel zum Thema „Haustiere“ verfasst. Über Katzen hat sie bereits mehrere Bücher und einige Artikel in Katzen-Zeitschriften veröffentlicht.

DIE FOTOGRAFEN

Juniors: Seite 17;
Juniors/Liebold: Seite 16;
Juniors/Schanz: Seite 25;
Schanz: Seite U2/1, 3 u., 13, 27, 28, 31 re., 39, 43, U4 o.;
Wegler: Seite U1, 2 o., 3 o. li., o. re., 4, 6, 8, 9, 10, 14, 18, 20, 22, 31 li., 32, 34, 35, 36, 40, 44, 45, U4 li., re.

IMPRESSUM

Redaktion: Gabriele Linke-Grün, Judith Starck
Umschlaggestaltung und Layout: H. Bornemann Design, München
Satz: Filmsatz Schröter, München
Produktion: Maike Harmeier
Repro: Longo, Bozen
Druck und Bindung: Alcione, Trento

Printed in Italy

ISBN 3-7742-6315-9

Auflage	4.	3.	2.	1.
Jahr	2007	06	05	04

GRÄFE UND UNZER

Ein Unternehmen der
GANSKE VERLAGSGRUPPE